Alfred de Foville

L'Or
du Klondyke

Histoire

ISBN : 978-1984071033

10 9 8 7 6 5 4 3 2 1

Alfred de Foville

L'Or
du Klondyke

Histoire

Table de Matières

Introduction

Michel Chevalier se plaisait à montrer que les mines d'or et
d'argent sont pour nous un moindre trésor que les mines de
charbon. Même à ne considérer que la valeur intrinsèque des
produits, c'est une incontestable vérité, car il sort annuellement du
sol des continents pour cinq milliards de houille, ou peu s'en faut,
et les métaux précieux ne vont point à moitié de ce chiffre. Mais la
convoitise humaine ne s'attarde pas à de tels calculs. Poursuivant
la richesse sous toutes ses formes, les hommes la voient surtout
dans cet or qui lui sert à la fois démesure et de véhicule ; et partout
où sa présence est signalée, on accourt, on se précipite. D'autant
que la capture en semble d'abord facile. Au pied des monts où l'or
se cache dans la pierre, la roche pulvérisée par l'action séculaire
des eaux se trouve répandue à l'état de sables ou de boues, et le
premier venu, avec une écuelle et de l'eau, peut isoler les menues
paillettes qu'elles recèlent. Qui sait même s'il ne mettra pas tôt
ou tard la main sur quelqu'un de ces nids de pépites qui sont
les gros lots de ces loteries-là ! De pareilles aubaines sont rares ;
mais l'espoir n'en est interdit à personne ; et de là, dans toutes les
régions aurifères ou réputées telles des pays neufs, ces essaims de
« prospecteurs » en quête d'un filon vierge ; de là surtout, lorsque
leur persévérance a été couronnée de succès, ces légions et parfois
ces armées de chasseurs d'or qui, de tous les horizons, viennent
s'abattre avidement sur le même coin de terre.

Notre siècle a vu de mémorables exemples de ces curées, dont
le début a toujours quelque chose de passionné et de brutal, mais
où l'ordre ne tarde pas à naître du désordre même et auxquelles la
civilisation a dû, en somme, quelques-unes de ses plus fécondes
victoires. Il y a juste cinquante ans, c'était la Californie qu'assiégeaient
les aventuriers des deux hémisphères ; on vit là des misères sans
nom, mais elles ont peu duré : les mines californiennes ont donné
sept milliards d'or, et San Francisco est devenu l'un des principaux
centres agricoles, industriels et maritimes de l'Amérique. Trois ans
plus tard, c'était l'Australie qui entrait en scène à son tour, et rien n'a
tant contribué que les dix milliards d'or déjà extraits de son sein à
faire de ce qui n'était qu'un désert sans fin une puissante et prospère
agglomération. Il y a dix ans, ce n'était plus l'Occident ni l'Orient

qui criait (GREC), c'était l'Afrique australe ; et il a suffi de quelques années pour livrer aux efforts combinés de l'industrie, du capital et de la science tous les secrets de ce lointain Transvaal auquel les Boërs n'étaient allés demander que de tranquilles pâturages.

La récolte annuelle de l'or dans le monde entier dépassant maintenant 1300 millions de francs, la République Sud-Africaine y contribue pour plus d'un cinquième et les Etats-Unis aussi ; l'Australie, orientale et occidentale, ne fait guère moins ; et c'est du nord que viennent ensuite les plus forts contingents. Saupoudrée d'or depuis l'Oural jusqu'à la mer du Japon et jusqu'à la mer d'Okhotsk, la Sibérie en enverrait déjà pour 200 ou 250 millions à la Monnaie de Saint-Pétersbourg, si la rigueur du climat n'y limitait chaque année l'exploitation des mines à quelques mois ; et, malgré cela, elle donnera peut-être ces 200 ou 250 millions quand le chemin de fer transsibérien permettra d'y conduire avec moins de peine et moins de frais qu'aujourd'hui les ouvriers, les vivres, les machines.

Enfin, voici que, plus près du pôle encore, au nord-ouest de l'Amérique du Nord, dans une contrée qui naguère ne figurait qu'en blanc au haut des cartes du nouveau monde, de prodigieuses trouvailles, dont l'émotion publique et la spéculation ont encore su exagérer la portée, sont venues rallumer cette fièvre de l'or dont toutes les parties du globe auront tour à tour connu les effets. Là aussi, sous un ciel d'une singulière inclémence, le désert s'est, pour ainsi dire, peuplé d'un jour à l'autre et une âpre lutte, une lutte acharnée s'est engagée, brusquement, entre l'homme et la nature. L'éloignement du champ de bataille ne permet pas jusqu'ici de bien préciser les résultats obtenus. Mais il y a grand intérêt à suivre, fût-ce de loin, les péripéties de cette nouvelle poussée de l'*auri sacra fames*. D'ailleurs, n'avons-nous pas le devoir d'éclairer de notre mieux ceux qui, de ce côté de l'Atlantique, songeraient à partir, eux aussi, pour la conquête de la toison d'or et de les mettre à même de ne se décider qu'en connaissance de cause ? Voilà pourquoi il n'a pas paru superflu de reprendre, à un an de distance, l'étude qui, l'automne dernier, avait été commencée ici même avec tant d'autorité [1]. Les pages qui vont suivre seront encore loin d'avoir épuisé le sujet.

Section I

La révélation des richesses cachées dans le vaste bassin du Yukon est chose toute récente. En 1858, c'était seulement les biefs supérieurs de la rivière Fraser, dans la Colombie britannique, que les chercheurs d'or se disputaient, et l'on sait à quels mécomptes aboutirent, de ce côté, les illusions de la première heure [2]. Longeant toujours les Montagnes Rocheuses, les prospecteurs avaient rencontré successivement, sans s'en contenter, les gisements des monts Caribou, ceux de l'Omineca, ceux des monts Cassiar ; et leur avant-garde, de plus en plus réduite, se trouvait ainsi entraînée vers les sources du fleuve géant dont un lit majestueux et mille affluents font comme le roi de l'immense presqu'île par où l'Amérique septentrionale semble vouloir aller toucher l'Asie. Ces hardis pionniers avaient laissé derrière eux tant de montagnes, tant de lacs, tant de rivières qu'on devait les croire perdus sans retour, lorsqu'un nouveau coup de théâtre vint appeler subitement l'attention publique vers les lointaines solitudes où ils s'étaient enfoncés.

Qu'était-il arrivé ? Le 15 juillet 1897, un bateau à vapeur, l'*Excelsior*, débarquait à San-Francisco une bande de mineurs qui, dans des sacs, des bas, des bouteilles, des couvertures, portaient plus de mille kilogrammes de belle poudre d'or. Le surlendemain, 17 juillet, un autre steamer, le *Portland*, débarquait à Seattle une seconde escouade avec un chargement plus important encore. Tous venaient des mêmes parages et ils racontaient avec moins d'émoi les souffrances qu'ils avaient éprouvées que le triomphe inespéré par lequel, en juillet et août 1896, ils s'en étaient trouvés si largement dédommagés. C'était près d'un gave ignoré, le Thron-Dak (rivière poissonneuse) ou Klondyke, et autour des petits torrents qui s'y jettent que les héros du jour, Georges Cormack, le vieux Casey, Clarence Berry, Louis Rhodes, le Canadien Joseph Leduc, avaient enfin vu leur rêve prendre corps.

Des rendements extraordinaires avaient été constatés, l'écuelle de minerai livrant ici 50 francs d'or, plus loin 100 et même davantage. On avait sous les pieds, à n'en pas douter, des dizaines, des centaines de millions ; pour les faire sortir de terre, les bras seuls manquaient et l'on pouvait croire qu'ils ne manqueraient pas longtemps, car déjà des districts voisins les camarades commençaient à affluer pour avoir leur part d'un si magnifique butin. Le lotissement des ruisseaux aurifères s'organisait, sous la direction d'un fonctionnaire éminent, le commissaire Ogilvie ; les sondages se multipliaient et chaque jour éclataient de nouveaux cris de victoire. On en retrouve l'écho dans les noms donnés à quelques-uns de ces petits Pactoles : c'est la Bonanza et l'Eldorado, c'est l'Eureka, c'est le Nugget (la pépite), c'est le Gold Bottom (le fond d'or), c'est le Coarse Gold (l'or brut) et le Pure Gold (l'or pur), c'est l'All Gold (tout or) et le Too Much Gold (trop d'or) ! Il se glisse partout des cadets de Gascogne, même parmi les Yankees de l'Alaska, et l'on a bien ri, là-bas où l'on ne rit guère, de ce Too Much Gold, dont le parrain se plaignait sérieusement d'être obligé de salir son or pour le pouvoir ensuite laver comme les autres. Mais, en dehors de toute hyperbole, le petit réseau du Klondyke s'annonçait dès le principe comme l'un des plus abondants dépôts d'or que la nature ait mis à la disposition des hommes.

Dans la vallée de la Bonanza et dans le vallon de l'Eldorado, qui s'y rattache, le sous-sol est vraiment imprégné d'or. C'est là qu'avaient eu lieu, en 1896, les coups de filet les plus retentissans. La Bonanza mesure 41 milles de longueur (66 kilomètres) : partant de la découverte initiale (Discovery), on a découpé en amont 100 lots de 500 pieds chacun (152 mètres) et 123 en aval. Les ruisseaux voisins ont été morcelés de la même façon et chacun des concessionnaires s'est mis à l'œuvre avec ardeur. La prise de possession est trop récente, l'exploitation trop divisée, la teneur du minerai trop inégale pour que l'on puisse avec quelque certitude chiffrer les productions actuelles et diagnostiquer les productions futures. En tout cas, la progression est rapide : peut-être 10 millions de francs en 1896, de 20 à 25 probablement en 1897, et pas loin de 50 en 1898. N'a-t-on pas vu, le 29 août dernier, le *Koanoake* arriver de Dawson City à Seattle, *via* Saint, Michaëls, avec vingt bons millions d'or ? Et ce n'étaient que les prémices d'une récolte, à laquelle auront coopéré, cette fois, plus de 15 000 moissonneurs.

Dès 1897, la grande nouvelle avait mis en ébullition bien des têtes. Une foule de gens, mineurs de profession ou mineurs improvisés, bouclaient leurs malles à la hâte et partaient, sans bien savoir où il fallait aller. Cette deuxième Californie, cette Californie boréale qui les fascinait, dépendait-elle, politiquement, du Dominion canadien ou des Etats-Unis ? Ils songeaient à peine à s'en informer : et les autorités elles-mêmes auraient pu être assez embarrassées pour les édifier sur ce point.

Maintenant encore, quoique les indécisions de la première heure aient cessé, ceux qui parlent des *gold fields* du nord-ouest ne leur donnent pas tous le même nom. Aux Etats-Unis, on dit « l'Alaska » ; les Canadiens disent « le Klondyke » ; et c'est, de part et d'autre, une façon de revendiquer, au moins en paroles, ce qu'on s'envie réciproquement. Chacun voudrait tout avoir. Le hasard, cependant, ne paraît pas s'être montré trop partial. Rien assurément ne ressemble moins à une frontière naturelle que cette ligne droite, longue de mille kilomètres et plus, qui, en 1825, fut lancée sur le papier de la pointe du mont Saint-Élie vers le pôle nord pour séparer ce que nos diplomates appelleraient deux sphères d'influence et qui fut maintenue telle quelle en 1867, lorsque l'empereur de Russie, peu soucieux de conserver au-delà des mers une seconde Sibérie, céda ses droits aux Etats-Unis moyennant une indemnité de 36 millions de francs. Ce fragment de méridien, que 141 degrés séparent de celui de Greenwich, coupait forcément d'une manière très arbitraire les glaciers et les plateaux, les forêts et les prairies, les vallées et les cours d'eau. Il coupait aussi, sans le savoir, les couches aurifères dont nul alors ne soupçonnait l'existence ; son tracé tout géométrique en faisait deux parts dont chacune, à un moment donné, s'est prise à jalouser l'autre. La balance penche actuellement du côté du Canada, le Klondyke restant tout entier à l'est de la *boundary line* ; mais il ne s'ensuit pas que le lot échu à l'Alaska doive être considéré comme médiocre, et la preuve en va être immédiatement donnée.

C'est en 1886 que, pour la première fois, une quantité appréciable de poudre d'or fut tirée, par d'autres mains que celles des indigènes, du sol de l'ancienne Amérique russe. Cet or venait des torrens qui alimentent le Forty Mile Creek, pittoresque rivière ainsi qualifiée parce qu'elle va se jeter dans le Yukon à 40 milles (65 kilomètres) au-dessous du vieux Fort Reliance, pris jadis comme centre ou comme base d'une tentative d'exploration méthodique. A 70 milles plus bas, le Yukon reçoit le Seventy Mile Creek qui, en 1887, fut aussi exploré avec profit. Dès l'été de 1888, quelques laveurs de sables s'étaient postés près de sa source et parvenaient à y faire chacun pour 50 dollars d'or par jour. En 1897, il y avait encore là, au moment des chaleurs, une quinzaine d'hommes qui, bientôt chassés par la faim et le froid, n'en rapportaient par moins de leur courte campagne une valeur de 200 000 francs. Dans le même rayon, l'American Creek a des cliens dont les affaires marchent bien. Plus loin, le long du Minook Creek, qui tombe des monts Tanana vers le 150ᵉ degré de longitude, les concessions commencent à se vendre cher. Et, à l'autre bout de la même chaîne, s'étale encore tout un important massif aurifère, celui du Birch Creek, desservi par le petit port fluvial de Circle City où Hotte, au-dessus d'une façade composée de douze troncs d'arbres, le drapeau étoilé de l'Union. Dans ce massif, les cinq dernières années ont vu naître une trentaine d'entreprises que la concurrence du Klondyke n'empêche pas de prospérer : Pitka's Bar, Preacher Greek, Crooked Creek, Mastodon… Ce dernier ravin, à lui seul, fournit au moins la moitié du produit total et paraît assuré d'un brillant avenir : l'année dernière, on y a recueilli, en trois mois, pour plus d'un million d'or, bien que sur 59 concessions il n'y en eût encore que 18 mises en valeur. La poudre provenant de ces localités est plus pure qu'ailleurs ; l'once anglaise de 31 grammes y vaut 100 francs [3] et les pépites sont nombreuses.

Nous ne mentionnerons que pour mémoire, dans le Far-West alaskien, la vallée du Koyukuk, la presqu'île de Kénia et les bords mêmes du détroit de Behring où l'or n'est pas encore recherché bien activement. Mais il s'est créé des exploitations très sérieuses dans cette longue suite de côtes et d'îles qui, sur le Pacifique, à l'est du mont Saint-Elie, prolonge l'Alaska jusqu'au 130ᵉ degré de longitude, la Colombie britannique ne conservant ainsi qu'un assez étroit contact avec l'océan, entre le passage de Dixon et Vancouver. Les villes de Sitka, de Dyea, de Juneau sont bien des villes américaines, et les hauteurs qui les protègent contre les souffles du nord abondent en minerais divers. A Silver Bow Basin, à Silver Queen, l'argent avait précédé l'or. Ailleurs l'or se montre associé au plomb (à Shuck Bay), au cuivre (à Red Wing) ou au zinc (à Bald Eagle).

Le port de Juneau, où la maison la plus ancienne date de 1881 et qui avait commencé par s'appeler Harrisbourg, puis Rockwell, n'a dû sa création qu'aux veines d'or trouvées dans les alluvions et dans les quartz du littoral. Sa population permanente dépasse 4 000 âmes et elle s'accroît, en été, de tous les touristes qu'attirent les beautés d'une nature grandiose, en hiver de tous les mineurs auxquels le froid ferme la montagne. En 1897, la côte et l'archipel ont déjà donné pour près de 10 millions d'or, et, comme le fait remarquer la Chambre de commerce de Juneau, les recherches n'ayant encore porté que sur un petit nombre de points, ces rivages accidentés sont probablement loin d'avoir donné toute la mesure de leurs ressources, minérales et autres.

Section II

Après ce bref inventaire des réalités et des espérances que laisse à l'Alaska le caprice de ses frontières conventionnelles, repassons sur la terre canadienne, dans ce qu'on appelle le Territoire Nord-Ouest, et allons jeter un coup d'œil, nous aussi, sur cette jeune ville de Dawson qui a vu, depuis peu, passer dans ses rues tant de figures étrangères et tant de figures étranges. Etant donné la croissante notoriété qu'elle a acquise, on a grand-peine à se persuader que, il y a deux ans, elle n'existait même pas à l'état d'embryon.

Eh ! que fût-on venu faire là ? Le pays est beau, tout en relief et généralement boisé ; mais le cercle polaire n'est pas loin et c'est tout dire. Non que la météorologie de ces régions arctiques soit aussi uniformément haïssable que le supposent les habitants des zones tempérées. En été, il fait chaud, les jours n'en finissent pas et la persistance de l'action solaire se traduit, pour la végétation, par une surexcitation presque tropicale. La terre alors se couvre de fleurs : églantines, anémones, campanules, pavots, gueules-de-loup, crocus et mille autres. Les oiseaux pullulent et chantent ; malheureusement les insectes pullulent aussi, surtout les taons et les moustiques, ces féroces moustiques, plus gros que les nôtres, qu'on appelle des maringouins. Leurs persécutions sont telles qu'on aime mieux travailler à minuit, le ciel restant clair, qu'à midi. Après l'automne, tout change : l'obscurité alors est constante ; le soleil, en décembre, ne fait qu'apparaître et disparaître. La neige tombe à gros flocons et couvre tout d'un lourd manteau blanc. Un mètre de neige, c'est un minimum : souvent il y en a le double et quelquefois le triple. Après quelques dernières fluctuations de température, le froid se met à sévir avec une terrible intensité : 40 degrés au-dessous de zéro, c'est effrayant, et, presque tous les ans, ce niveau est dépassé. Dans de telles conditions la vie humaine devient vraiment un douloureux problème.

Dawson City n'en existe pas moins et se développe de jour en jour. Elle a eu pour fondateur et elle a en grande partie pour maître ce Joseph Leduc, que nous citions tout à l'heure et dont le patois local a fait Joseph Ladue, nom désormais célèbre. Leduc ou Ladue était un simple faiseur d'affaires, petit commissionnaire et petit industriel, qui allait promenant de place en place son comptoir et sa scierie. Les planches dont les arbres de la rive, sapins, épinettes, peupliers, lui procuraient la matière première servaient à fabriquer pour les mineurs des cabanes, des bateaux, des outils… De Sixty Mile il avait, en septembre 1896, descendu le Yukon jusqu'à l'embouchure du Klondyke. Il arrivait au bon moment. Les allants et venants commençaient à être nombreux. Au 1er janvier 1897, Ladue n'avait encore mis à leur disposition que trois ou quatre baraquements. Avec le printemps arriva un flot d'immigrants et, fin mai, dix nouvelles façades de bois brut s'alignaient sur la berge, de simples tentes abritant le surplus d'une population de six cents âmes. Déjà les débits de boissons s'ouvraient ; les maisons de jeu aussi. Le jeu est l'éternelle tentation, l'écueil éternel des mineurs. On en voyait accourir, tout crottés, qui, pour « visiter la ville, » avaient sur eux 15 ou 20 000 francs de poudre d'or : la visite finie, il ne leur restait rien.

Le 2 juin 1897, Dawson, pour la première fois, entendit le sifflet d'un bateau à vapeur. La *Bella* amenait de Fort Yukon et de Circle City 450 tonnes de fret et 225 passagers. La Compagnie commerciale de l'Alaska, propriétaire du bateau, prit à Ladue, séance tenante, son petit casernement, y ouvrit boutique, fit le jour même 30 000 francs d'affaires et annonça aussitôt qu'elle allait bâtir : elle s'est construit, en effet, quatre magasins de bois de 50 à 100 pieds de long, une remise en fer, et deux casemates affectées au logement de son personnel : coût, 1 300 000 francs. La société rivale, *the North American Transportation and Trading Company,*

s'est offert une installation presque aussi monumentale. Quand le
bâtiment va, dit-on, tout va. Le bâtiment ne languit pas à Dawson.
Les scieries mécaniques y grincent nuit et jour et les murs de bois
s'élèvent de toutes parts. Dès 1897, l'heureux J. Ladue n'avait ni
assez de bois, ni assez de terrain pour satisfaire une clientèle qui
devenait de plus en plus nombreuse et de plus en plus impatiente.
La ville sera vite à l'étroit. La montagne serrant de près la rivière et
le fleuve, les alluvions qu'ils ont étalées sur leurs bords ne dépassent
guère, comme étendue superficielle, trois ou quatre cents hectares.
Mauvais sol, périodiquement submergé et toujours marécageux.
On s'en dispute cependant les morceaux. Les plus recherchés sont
ceux qui longent le quai : le prix de 60 000 francs a été demandé
et obtenu pour une seule parcelle. On se met aussi à construire
au-dessus du Klondyke : la rive y est plus sèche et l'air y serait sain,
n'étaient les Indiens qui ont longtemps campé là et qui, en matière
d'hygiène, professent les plus déplorables principes.

Ce serait flatter Dawson City que de comparer ses habitations
aux chalets alpestres. La maison-type, indéfiniment reproduite,
coule 5 000 francs, un peu plus ou un peu moins. Elle mesure 16
pieds sur 14, et n'exige, comme éléments essentiels, que 30 ou 40
troncs d'arbres. Ces troncs, à peine égalisés, sont posés les uns
sur les autres, avec de la mousse comme remplissage ; une fenêtre
unique est ménagée du côté du midi. Plancher en bois, s'il y a
un plancher, et toit de bois, dépassant les murs. Moyennant un
bon poêle, on assure qu'on n'est pas trop mal dans ces huttes, et
tel nabab de fraîche date, sous les lambris dorés de son hôtel de
San Francisco, garde assez bon souvenir de son domicile antérieur.
Le plus bel établissement de Dawson est l'Opera House Saloon,
où l'on boit nuit et jour et où l'on danse, au piano, de six heures
du soir à cinq heures du matin. Les danseuses qui font partie du
mobilier de la salle de bal gagnent jusqu'à 100 dollars par semaine,
leurs appointements réguliers s'augmentant d'une commission de
25 pour 100 sur les consommations prises par leurs cavaliers. On
ne se fatigue pas pour rien au Klondyke, et tel qui ne se sent aucun
goût pour piocher la terre a pu se dire que, même sans changer de
métier, il y ferait de bonnes affaires. Aux dernières nouvelles, les
garçons de café recevaient 50 dollars par semaine, pourboires non
compris ; les bons cuisiniers 10 dollars par jour : nourris et logés

avec cela. Aux croupiers des tables de jeu, la journée de douze heures était payée 15 ou 20 dollars. Les coiffeurs demandaient un demi-dollar pour une barbe, un dollar pour une coupe de cheveux. Les bains (25 ou 30 litres d'eau tiède) coûtaient 1 dollar et demi ; mais on en prenait peu. Aucun des cinq ou six médecins du lieu ne se dérangeait à moins d'une once d'or (88 francs) ; pour aller voir un malade dans les mines, la rétribution exigée variait de 500 à 2 500 francs, selon la distance.

Tout se règle en or brut, en poudre d'or, sur le pied de 17 dollars par once. Chacun porte, sous ses fourrures, son sac à poudre en peau de daim et sa petite balance de poche. Dans les boutiques, l'acheteur verse doucement la précieuse cendre brune dans une soucoupe, jusqu'à ce qu'on lui dise : « C'est assez ; » et, s'il a trop versé, on lui rend l'excédent. Mais les trébucheurs de profession sont la dextérité même. Dans les tripots, un caissier qui se respecte doit, paraît-il, tirer de sa balance un bénéfice supplémentaire d'au moins 20 pour 100. Et ceux qui font les frais de ces exactions ne protestent guère : l'or, dans le pays de l'or, coule facilement de toutes les mains. On sait qu'il y en a tant là-haut, dans la montagne !

Section III

Qu'il y ait au Klondyke énormément d'or, c'est ce qu'on ne saurait nier désormais ; ni que de cet or, accumulé par les mineurs, d'autres professionnels allant se mettre à leur service puissent tirer de copieuses rémunérations, comme font les docteurs à 17 dollars la visite ou les valseuses à 10 francs l'heure. Grande serait toutefois l'erreur de ceux qui, en Amérique et surtout en Europe, s'imagineraient qu'il suffit de partir les mains vides pour revenir bientôt de là-bas les mains pleines. La réussite est loin d'être assurée, même à qui ne manque ni de savoir-faire, ni de prudence, ni de courage. Nous nous étions tout à l'heure transportés, comme d'un coup de baguette, au pied de la montagne enchantée et nous évoquions sans effort les millions enfouis dans ses profondeurs. Mais rien que pour pouvoir toucher le seuil de cette soi-disant terre promise, que de conditions à remplir et que d'obstacles à vaincre ! Que d'épreuves à supporter ensuite et que de mauvaises chances à courir ! C'est le revers de la médaille, et nous nous garderons d'imiter les prospectus d'outre-mer qui se font une loi de n'en rien laisser voir.

Rappelons d'abord que, pour aller sans folie chercher fortune au Yukon, il faut déjà ne pas être trop dénué. On peut estimer à une demi-douzaine de milliers de francs le capital indispensable à l'artisan français qui voudrait tenter l'entreprise : 400 francs pour passer du Havre à New-York ; 500 francs pour passer de New-York au Pacifique ; près de 2 000 francs pour acheter et empaqueter sûrement tous les vêtements, tous les approvisionnements, tous les outils dont l'expérience démontre la nécessité et dont les règlements locaux veulent qu'on justifie ; 200 francs pour passer de Vancouver à Skagway ou à Dyea ; encore 1 500 francs au moins, même en se mettant à plusieurs, pour se transporter, corps et biens, jusqu'au cœur de la région minière. Ces dernières prévisions sont même susceptibles d'une sensible plus-value quand le voyageur, ne parlant pas l'anglais, se trouve de ce chef plus facile à exploiter. Enfin il y a le chapitre des accidents, qui reste rarement page blanche.

Cette tonne ou cette demi-tonne de bagage par tête, qui est tout à la fois, pour l'émigrant, un viatique obligatoire et un obsédant *impedimentum*, étonnerait les faucheurs belges et les terrassiers piémontais à qui un mouchoir de couleur suffit pour serrer ce qu'ils emportent de chez eux quand ils viennent travailler chez nous. Mais aussi quelle différence de ciel et de vie ! Les commerçais de San Francisco se sont réunis pour organiser, à titre de leçon de choses, une exposition complète de tout l'attirail, de tout l'*outfit* — c'est le mot consacré — dont il faut se munir quand on part pour le nord. En vérité, ce n'est pas peu de chose.

Dans le rayon du vêtement dominent, comme de juste, la Lainé et la fourrure : flanelles, tricots, ceintures, gros gilets, couvertures de toutes sortes ; peaux d'ours ou de lynx, peaux de daims doublées de peaux d'agneaux ; peaux de phoques ou de marsouins. Avec cela des moustiquaires, comme à Nice, et des complets de toile huilée, comme à Terre-Neuve ; des gants, des chaussettes, des chaussons, des brodequins gommés, des souliers de gros cuir et des bottes de caoutchouc s'emboîtant les unes dans les autres ; des cache-nez, des passe-montagnes, des pelisses emprisonnant le corps des pieds à la tête ; des sacs fourrés où, pour dormir, il faut s'enfermer tout entier, comme une lettre mise sous enveloppe. Peau rouge ou peau blanche, l'aspect des hommes sous les frimas polaires est à peu près celui des ours et l'on s'y est parfois trompé : ours mal léchés, pour la plupart, que ces Indiens ou ces Yankees qui ne répondent même pas et volontiers se fâcheraient quand l'étranger qu'ils croisent en plein désert se permet de leur souhaiter le bonjour.

Les provisions de bouche elles-mêmes doivent être habillées d'une manière très particulière pour ne pas s'avarier avant l'heure. Songez qu'il en faut prendre pour toute une année. Dans des sacoches imperméables et dans des boîtes de métal se juxtaposent savamment le biscuit de mer, la farine, la levure, le lard, le bœuf conservé, les légumes et les fruits séchés (pommes de terre, haricots, oignons, pommes, pêches, pruneaux sans noyaux, groseilles…), le riz, le sucre cristallisé, le sel, le beurre salé, les fromages, les pâtes, le chocolat, le café, le thé, le lait condensé, etc. Qu'on y joigne une boîte de chandelles, quelques barres de savon, du tabac si l'on fume ; et voilà un second assortiment plus lourd encore que le premier.

Passons au rayon des articles et ustensiles divers. L'énumération de tout ce qu'il y faut acheter ne laisse pas que d'être suggestive : une tente de grosse toile, un traîneau, une boussole, un poêle démontable et son tuyau ; toute une batterie de cuisine, des boîtes d'allumettes en fer-blanc, des couteaux de types variés ; un revolver et un fusil avec force cartouches ; une moufle avec son câble, une courroie à paqueter et deux ou trois cents pieds de corde de manille ; des engins de pêche ; un ciseau de calfat et de l'étoupe, une petite bouée de sauvetage ; des raquettes pour marcher sur la neige, comme les trappeurs ; des paires de lunettes à verres de couleur, de l'insecticide ; une hache, une hachette, des scies, des lanières, des ciseaux en acier, des marteaux et vingt livres de clous, un pic de prospecteur, un bon pic de mineur et une forte pelle, des coins d'acier, de longs ciseaux de mine ; un mortier et un pilon, une écuelle à laver le minerai, une loupe, quelques kilogrammes de mercure ; une balance à or, et que sais-je ? Tout cela représente une grosse dépense et un énorme poids.

N'oublions pas non plus la pharmacie : pilules et tablettes, emplâtres et liniments, élixirs et purgatifs, éther, iode, borax, laudanum, perchlorure de fer, sirop de chaux, acide citrique, arnica, glycérine, sparadrap, charpie, coton hydrophile, pansements et bandages, petite trousse de chirurgien… Sommes-nous au bout ? Certes ce n'est pas encore tout ce qu'il serait bon d'emporter, mais c'est déjà beaucoup ; et, voilà que, par comparaison, on ne va plus oser rire de l'arsenal hétéroclite dont s'encombrait l'héroïque Tartarin quand il quittait sa bonne ville de Tarascon pour aller chasser le lion chez « les Teurs » ou le chamois sur la Jungfrau !

Section IV

Lorsque l'émigrant a son matériel au complet et qu'il l'a bien mis en ordre, il convient qu'il opte, sans retard, entre les différentes voies qui peuvent le conduire à destination ; or, aucune des combinaisons qui vont solliciter son choix ne lui promet le moindre agrément.

Six itinéraires, sinon plus, aboutissent à Dawson ; mais il en est dans le nombre dont il serait permis de faire ici abstraction parce qu'ils ne sont pas à l'usage du vulgaire.

Peut-être verra-t-on, dans un certain nombre d'années, des trains exclusivement canadiens courir, sans quitter la terre canadienne, des bords du Saint-Laurent aux rives du Yukon. Une ligne de chemin de fer, greffée à Galgary sur le grand *Canadian Pacific Railway*, a déjà sa gare terminus dans la province d'Alberta. Mais on est là à 2 000 kilomètres du but ; et, provisoirement, le voyageur descendu de wagon à Edmonton n'a pour s'orienter ou plutôt pour s'occidenter vers le Klondyke que les cours d'eau. Il tâchera de gagner, soit, par l'Athabasca, le Mackensie et le Porcupine, au-delà du cercle arctique ; soit la rivière Pelly par la rivière Peace. Rien de tout cela n'est impraticable ; mais à quiconque n'a point beaucoup de loisir et beaucoup d'argent, de telles pérégrinations doivent être actuellement déconseillées. Et les moyens de transport perfectionnés, dans cette direction, risquent de se faire attendre plus que de raison ; car, outre les difficultés matérielles — et elles sont grandes — on sait à Londres et à Ottawa qu'en accordant au Canada français cette légitime satisfaction, on irriterait les ports de l'ouest qui ne veulent pas laisser détourner le courant qui les enrichit. L'accord n'a même pu se faire entre les deux Chambres du Dominion sur le projet transactionnel du cabinet Laurier, qui assurait à MM. Mackensie et Mann, avec d'importants privilèges, la concession d'un railway reliant au lac Teslin la rivière Stickine, dont Wrangel commande l'entrée. La vapeur aidant, cette route serait avantageuse ; mais dans l'état actuel des choses, elle reste à bon droit délaissée.

Une solution qui semblerait séduisante consiste à se faire conduire par mer jusqu'à l'embouchure du Yukon et à en remonter ensuite le cours, indéfiniment. D'assez bons steamers vont de San Francisco, de Seattle ou de Vancouver à Saint-Michaëls, dans le détroit de Behring ; puis on transfère les passagers dans des bateaux à roues, de faible tirant, que les bas-fonds du delta et du fleuve laissent généralement passer. Mais ce n'est pas encore un procédé qui puisse être recommandé à tout le monde. Le détour est énorme (de Seattle à Saint-Michaels, 4 500 kilomètres, et 2 650 de Saint-Michaels à Dawson) et le trajet, qui dure près d'un mois, coûte cher : 1 500 francs en première classe, 1 250 francs en seconde, avec 150 livres de bagages seulement ; et 50 francs de plus par 100 livres d'excédent. Comme, d'autre part, le Yukon dégèle tard et regèle tôt, ce vaste périple tente surtout les curieux dont le désir est seulement d'aller passer dans le Klondyke quelques jours ou quelques semaines.

Ce que font jusqu'ici les vrais chercheurs d'or, à peu d'exceptions près, c'est de se laisser porter par les paquebots du Pacifique au fond du Lynn Canal, dans cette partie du littoral alaskien dont les fiords font face aux grandes îles Baranof, Chichagof, Admiralty, et, une fois mis à terre, de se lancer vers le nord, à la grâce de Dieu. Le programme de l'expédition comporte, après trois ou quatre jours de mer, l'ascension des escarpements qui bordent la côte ; puis sur l'eau ou sur la glace, une longue descente, 900 kilomètres environ, par toute une série de lacs et de rivières, jusqu'au Lewis et au Yukon.

Sur la carte, on a vite pointé ces étapes successives ; mais comment deviner de loin tous les pièges, toutes les tribulations, tous les périls échelonnés le long de cette voie douloureuse ? On s'en fait au moins une idée en feuilletant le remarquable rapport rédigé pour le département du Travail, à Washington, par son délégué M. Samuel Dunham [4] ou en lisant les merveilleuses lettres adressées au *Temps* par son correspondant M. Ames Sémiré [5]. Encore sont-ce là des privilégiés, presque des puissances : un fonctionnaire, un journaliste ! Les épreuves auxquelles de si influents personnages ont pu se trouver en butte doivent être peu de chose à côté de celles qui sont réservées à l'humble exilé dont le nom n'est connu de personne et qui, aux heures critiques, n'est même pas en mesure de tirer de son portefeuille cette lettre de recommandation suprême qui s'appelle un chèque ou un billet de banque.

Eh bien ! malgré la mission officielle dont il était investi, M. Dunham a mis un mois juste (du 23 août au 23 septembre 1897) pour passer de Dyea à Dawson ; et le sentiment de sa dignité ne l'empêche pas d'enregistrer au jour le jour, d'un trait sobre mais incisif, les mésaventures qui l'attendaient en chemin. M. Sémiré, lui, parti de Dyea le 20 mars dernier, n'a pu accoster Dawson que le 20 mai ; et, pendant ces deux mois, sa plume a toujours su trouver de l'encre, même quand il gelait à pierre fendre, pour nous dire, pour nous peindre, en même temps que les réelles splendeurs de la nature septentrionale et les scènes originales nées d'un milieu social si différent du nôtre, les innombrables misères dont il était ou la victime ou le témoin.

Quelles sont donc ces misères ?

C'est d'abord, sur les *cargo-boats* d'occasion qu'attire au nord du Pacifique un fret incessamment renouvelé, l'entassement illimité des hommes, des choses et des bêtes : les hommes qui boivent et qui se battent, les chiens qui hurlent, les bœufs qui mugissent, les rennes qui meurent et l'odeur infecte qui, dans cette confuse ménagerie, devance même les ravages du mal de mer.

Puis, une fois tout cela jeté pêle-mêle dans la boue d'un port improvisé, c'est la douane, la douane américaine, *United States Customs*, précédant la douane canadienne. La douane américaine taxe sévèrement tout ce qui vient du Canada et la douane canadienne taxe sévèrement tout ce qui vient des Etats-Unis, de sorte que chacun de ceux qui ont à passer sous leurs fourches caudines paye plutôt deux fois qu'une. Et que de formalités, grand Dieu ! Pour ces tristes besaciers qui vont bientôt lui échapper, puisque les deux frontières parallèles courent à quelques lieues l'une de l'autre, la douane américaine a des tracasseries qui doublent l'amertume de ses fiscalités. Il faut que, moyennant finance, un courtier se porte fort que le Canadien qui arrive de Vancouver ne va pas mettre en vente, sur-le-champ, le contenu de ses ballots. Il faut « qu'un citoyen assermenté à cet effet » l'accompagne, le suive, le surveille ; et ainsi de suite. Ces ruineuses exigences mettent la mort dans l'âme de ceux dont elles retardent, le départ et qui n'y comprennent rien, même lorsqu'ils savent l'anglais, à plus forte raison quand ils ne l'entendent pas.

C'est ensuite la maudite chaîne à pic qui forme rempart tout le long de la côte et devant laquelle plus d'un pauvre diable, ayant fait pour y arriver mille lieues sur terre et sur mer, a fini par reculer. On y trouve pourtant deux cols voisins, la Chilkoot Pass, derrière Dyca, et la White Pass, derrière Skagway, dont l'altitude n'est respectivement que de 1200 et 800 mètres. En Suisse, avec un bon funiculaire, les Anglais escaladeraient cela sans s'en apercevoir, le *Times* à la main. Mais l'Alaska n'en est pas encore à l'ère des chemins de fer aériens, et le fameux ballon captif qui devait en tenir lieu est resté à l'état de projet. On ne peut tenter qu'à pied la passe de Chilkoot, dont les abords sont excessivement raides, l'inclinaison allant jusqu'à 55 degrés. L'autre col, les bêtes de somme y circulent tant bien que mal, lorsque le temps est beau ; mais il y a péri l'automne dernier 4 000 quadrupèdes, avec ou sans leurs conducteurs, et d'innombrables charognes restent là gisantes, empestant l'air dès qu'il ne gèle plus. Toutes ces gorges sont pleines de mauvais pas, et le brouillard, le vent, la pluie, la boue, le sable, la pierre, le givre, la glace, la neige, l'avalanche à certains moments, font que le danger y revêt tour à tour les formes les plus diverses. Ici, on pénètre jusqu'aux genoux dans ces mousses épaisses qui sont comme la fourrure favorite des terres boréales ; là, mille racines entre-croisées obligent à une gymnastique d'acrobate. Encore si l'on n'avait qu'à se hisser soi-même jusqu'au sommet ; mais il y a le bagage, le terrible bagage ! Pour qu'il soit pris par les muletiers ou par les portefaix, il faut se saigner à blanc : six sous, huit sous, dix sous, douze sous par livre, rien que pour la montée ; quarante et cinquante sous pour aller de la mer au lac Lindemann. Et, même alors, que d'ennuis et de tourments ! Demandez à M. Dunham les tours que lui ont joués ses quatre porteurs indiens, Slim Jim, Right Eye, Chilkat Jack et Sleepy Tom. Demandez à M. Sémiré les malédictions que lui ont valu, dans les défilés de la White Pass, le traîneau attelé qui portait son bateau démontable et qui empêchait la file des piétons d'avancer.

La circulation est devenue d'autant plus active sur ces affreux sentiers qu'aucun voyageur, surtout s'il opère lui-même, ne saurait avoir la prétention de faire passer tout son chargement d'un seul coup. Il faut le fractionner et recommencer chaque lieue dix fois, aller et retour, ce qui décuple et la fatigue et les risques ; car, à ce compte, on a toujours loin de soi la majeure partie de son bien ; et ces dépôts en plein air que personne ne garde, — ces « caches, » comme on les nomme, — ne sont pas toujours respectés, bien que l'intérêt commun leur fasse d'ordinaire une sécurité relative.

Après les cols, les lacs : le lac Lindemann et le lac Bennett d'abord. C'est une douce commutation de peine que de se sentir assis dans un bon *ferry-boat*, avec tous ses paquets autour de soi, et de pouvoir, si l'on a froid, se réchauffer avec du whisky (à 40 francs la bouteille). Mais on ne va pas loin de la sorte. Les lacs communiquent les uns avec les autres par des cours d'eau, presque toujours rapides, souvent torrentueux : « chemins qui marchent, » comme disait Pascal, mais qui marchent trop vite en été et que l'hiver immobilise. Cette seconde partie du voyage — de beaucoup la plus longue — n'est guère faisable qu'au moyen d'embarcations, construites sur place, ou de traîneaux tirés par des chiens. On peut alors se contenter de recommencer deux ou trois fois chaque étape. Mais la dépense est grande. Les scieries mécaniques du lac Bennett vendent leurs planches vingt-cinq sous le pied courant, et pour les bateaux tout faits, c'est par milliers de francs que l'on compte, bien que la construction en soit très sommaire. Quant aux chiens de trait, dogues esquimaux et autres, la demande surpassant de beaucoup l'offre, on les surfait ridiculement : 500 francs, 1 000 francs la bête. Or, cinq suffisent à peine pour un chargement sérieux ; et ce ne sont pas des attelages d'un maniement commode. Sur la neige, il faut qu'un homme leur fraye la voie, la dessine pour ainsi dire avec ses semelles en raquettes ; qu'un autre fouette sans pitié le chien qui s'arrête ou qui tombe. Notez, en outre, que le traîneau qui glisse sur une glace inégale peut tout à coup s'enfoncer et se noyer, comme le bateau qui flotte aujourd'hui en pleine eau peut demain trouver la rivière prise. Aussi faut-il en revenir, par moments, au portage à dos, avec le même jeu de navette que précédemment. Puis, par tous les temps, quand vient le soir, on est forcé de gagner la rive et de s'y installer pour la nuit. Les feux s'allument dans l'ombre, un à un ; et l'on s'étonne de les voir si nombreux. Oh ! le rude voyage ! Heureux ceux qui n'auront mis pour faire ces deux cents lieues qu'un mois comme M. Dunham, ou deux mois comme M. Sémiré. L'un et l'autre nous disent que la plupart des pauvres pèlerins qui s'étaient mis en route en même temps qu'eux ont été vite distancés. Ceux qui ont fini par les rejoindre s'étaient fait bien longtemps attendre et plus d'un, hélas ! n'a jamais reparu.

Section V

Quelles que soient les épines du chemin, on prétend que 25 000 aspirants millionnaires ont déjà réussi à venir planter leurs tentes près du Yukon ; et comme les supputations les plus libérales ne permettent encore d'attribuer aux placers du Klondyke qu'une productivité d'une cinquantaine de millions, la quote-part de chacun, si le trésor commun se distribuait également entre tous, ne dépasserait pas 2 000 francs. Ce simple rapprochement de chiffres est éloquent : il tend à prouver qu'il y a déjà trop de monde là-bas et qu'il vaudrait mieux rappeler la moitié de ceux qui sont partis que de provoquer de nouveaux départs. Ont seuls chance de devenir très riches les propriétaires des terrains où l'or foisonne réellement, et tous ces terrains ont été promptement accaparés par les ouvriers de la première heure. Les droits du premier occupant sont nettement définis par les ordonnances rendues applicables aux North West Territories [6]. Si vous avez dix-huit ans accomplis et si vous êtes porteur du permis individuel que délivrent certains bureaux de douane, vous pouvez vous faire attribuer, sur n'importe quel *creek*, la concession exclusive d'un lot aurifère, un seul, mesurant dans le sens du courant 500 pieds anglais (152 mètres) et s'étendant en largeur jusqu'à la base des deux versants. La longueur du *claim* est portée à 750 pieds (229 mètres), au lieu de 500, au profit de la personne qui a découvert elle-même une mine nouvelle. En dehors des cours d'eau, les parts se réduisent à des carrés de 100 pieds de côté. Aux angles de chaque lot sont placés quatre pieux de quatre pieds de haut et de quatre pouces d'épaisseur : l'un de ces poteaux réglementaires (*legal posts*) doit porter, lisiblement écrits, le nom du titulaire et la date de l'immatriculation. Tels sont les avantages offerts aux particuliers ; mais l'Etat ne s'est pas oublié, loin de là. Ce permis, ce certificat spécial qui crée le *free miner* et qui l'autorise à tuer le gibier, à pêcher le poisson, à couper le bois, à chercher l'or, on le paye 40 dollars par an. L'enregistrement de la concession coûte 15 dollars et la même perception se renouvelle les années suivantes avec une taxe additionnelle de 100 dollars ; total 115. D'autre part, les lots sont réunis par séries de dix et la Couronne se réserve d'avance tous les groupes impairs, sauf au ministre de l'Intérieur à en disposer, s'il y a lieu, par voie d'enchères ou autrement. Puis, sur tout l'or réalisé, le fisc maintenant prélève un droit régalien de 10 pour 100, vraie dîme en nature. Que si un claim arrive à produire plus de 500 dollars par semaine, l'excédent paye 20 pour 100, au lieu de 10. Tout retard ou toute fraude, dans l'acquittement des droits, entraîne l'expropriation pure et simple. Enfin, si exorbitante que la chose paraisse, il suffit que sur un lot concédé le travail se soit interrompu, en été, pendant trois jours, soixante-douze heures, pour qu'il puisse y avoir déchéance, à moins de force majeure ou d'autorisation préalable du commissaire de l'or. En revanche, moyennant un simple timbre de 2 dollars, tout ou partie du lot peut être vendu, donné, hypothéqué par l'ayant droit, et rien ne s'oppose à ce qu'un acquéreur à titre onéreux, une compagnie, par exemple, réunisse, s'il lui plaît, dix, vingt, trente parts [7]. Il est clair qu'un tel régime ne promet rien de bon aux tard venus, à moins que ce ne soient de gros capitalistes ; et encore !

Que vont devenir dès lors les imprudents qui, sur la foi de réclames mensongères, partaient il y a quelques mois de Liverpool ou du Havre ? Trouver un placer inédit, leur inexpérience ne leur en laisse guère la possibilité ; acheter un claim ayant fait ses preuves, leurs moyens ne le leur permettent pas ; à peine arrivés au terme d'une laborieuse odyssée, leurs espérances vont, une à une, se changer en déceptions, et, s'ils ne saisissent pas la première occasion qui se présentera de se faire embaucher pour gagner leur pain quotidien, ils risqueront de se trouver bientôt réduits au plus cruel embarras.

Il y a un an, les chefs de services de Dawson City, c'est-à-dire M. l'inspecteur de la police à cheval, M. le receveur des douanes et M. le commissaire de l'or, seuls mandataires du gouvernement canadien, purent se demander s'ils n'allaient pas voir mourir de faim et de froid, littéralement, des centaines, des milliers d'individus qui étaient venus s'échouer autour d'eux et ne savaient que devenir. Ce n'était pas des vrais mineurs qu'on s'inquiétait : à force d'avoir mangé de la vache enragée, comme on dit, ils y ont l'estomac fait. Mais dans cette foule grelottante figuraient des enfants, des femmes, des malades, des incapables ; il s'y mêlait aussi de fort vilaines gens, des repris de justice, des filles publiques, des souteneurs... Les abris manquaient pour tant de monde, et les vivres aussi, le ravitaillement ayant été contrarié tout l'été par une baisse anormale des eaux. A la fin de septembre, quand se montrèrent les premiers glaçons, le péril devint si manifeste qu'il fallut crier sauve-qui-peut. Mais comment fuir et où aller ? Ceux qui partirent, au nombre de sept ou huit cents, n'étaient pas ceux dont on aurait eu le plus d'intérêt à se débarrasser. Quelques-uns avaient frété des barques et firent naufrage. D'autres voulurent retourner à la mer par les lacs et furent décimés. Deux petits vapeurs, le *Weare* et la *Bella*, étaient heureusement venus mouiller devant la ville, l'un le 28 septembre et l'autre le 30. Le *Weare* repartit pour Circle City le 29, avec 150 passagers ; la *Bella*, le 1er octobre, en emmena 120, embarqués gratuitement. Mais l'état du fleuve rendait déjà toute navigation très dangereuse. M. Dunham, qui était sur la *Bella*, a retracé avec sa précision ordinaire les péripéties de ces dix jours de lutte contre les éléments, et rien n'est plus poignant que son récit.

Malgré tous ces départs, Dawson se croyait voué à la famine. L'agitation persistait. Les prix montaient, montaient toujours : 20 francs un maigre repas au restaurant ; 25 francs un litre d'huile à brûler ; 300 francs une boîte de chandelles ; 2 500 francs une caisse de Champagne. Un attelage de cinq chiens se vendit 9 000 francs. Les vigoureux marcheurs disposés à retourner à pied à Dyca n'y pouvaient faire voiturer leur bagage, par traîneau, à moins de 1 000 dollars. La spéculation aidant, et la mauvaise foi, et la peur, la situation, à certains moments, parut presque désespérée. Paris, le grand Paris, assiégé par 500 000 Allemands en 1871, n'a peut-être pas connu de plus noires détresses que Dawson City, la petite ville de l'or, assiégée par l'hiver il y a juste un an.

Cette crise meurtrière que l'administration locale n'avait pu prévenir, le génie de la charité, lui, l'avait pressentie. Et, comme par miracle, un beau jour, Dawson avait vu arriver deux petites religieuses qui en précédaient d'autres, deux petites sœurs de la Miséricorde, Canadiennes de Québec, Françaises par conséquent. Au milieu de ces grossiers quêteurs d'or dont les yeux semblent toujours fouiller la terre, elles arrivaient, elles, regardant le ciel ; elles apportaient aux malheureux le secours, non de leur bourse qui était vide, mais de leur pieux dévouement, de leur saint amour de Dieu et des hommes. L'émotion fut grande et, parmi les témoins de cette touchante apparition, plus d'un fléchit le genou dans la neige sans que nul songeât à s'en scandaliser.

Section VI

Si incomplète et si précaire que soit la vie à Dawson, l'existence du mineur dans l'exercice de ses fonctions est encore plus ingrate et non moins aléatoire. Rien que le trajet de la ville aux mines, en été, est presque un tour de force. La sente qui y mène a de tels raidillons qu'on risque à chaque instant de se rompre le cou ; et puis il faut lutter contre la mousse où l'on s'enfonce, contre les racines où les pieds se nouent, contre les moustiques qui font rage. « C'est bien pire, nous dit-on, qu'à la Chilkoot Pass ! » Veut-on essayer de faire la course à cheval, on le peut à la rigueur ; seulement la location du cheval coûte 300 francs par jour. A dos d'homme ou de chien, le transport des paquets, pour une distance de 25 kilomètres, revenait à 4 francs le kilogramme en 1897 et n'a diminué que d'un franc cette année. Cela fait 3 000 ou 4 000 francs la tonne. Sur rails, une tonne de marchandise ferait, à ce prix, deux fois le tour du monde. Il est vrai qu'en hiver, le tarif se réduit à 1 franc le kilo, parce que, les torrents étant congelés, on en remonte le cours avec des traîneaux ; mais c'est encore excessif.

Les mineurs du Klondyke se trouvent donc plus séparés du monde civilisé que les riverains mêmes du Yukon. Deux talus embroussaillés, deux falaises parfois, sont leur horizon. Quelques planches, amenées à grands frais de la scierie voisine, leur font une sorte de guérite, éclairée à défaut de vitres par des rangées de bouteilles vides ; et c'est là qu'après avoir mangé des conserves et bu de l'eau ou de l'alcool, ils se couchent tout habillés dans des sacs pleins de vermine. Faire de l'or, tout est sacrifié à cette idée fixe ; et c'est une fatigante besogne, en somme, que de faire de l'or, même quand on dispose d'un minerai « qui paye, » comme disent les Anglo-Saxons. Entraîné de cascade en cascade, le gravier aurifère s'est accumulé de préférence dans les tournants ou près des embouchures ; mais, pour s'en emparer, il faut toujours creuser plus ou moins, creuser sous la brousse, creuser sous la mousse, creuser dans la tourbe et dans le sable, jusqu'à ce que l'on soit arrêté par le roc, qui apparaît tantôt à 10 pieds de profondeur, tantôt à 20, tantôt à 30. Ce vaste banc de schiste micacé, dont on ignore l'épaisseur, est loin de former un bloc uni. On dirait que de formidables coups de marteau en ont écrasé la surface, réduite en galets plats qu'accompagne un sable noir et dense. C'est dans cette couche transitoire, comprenant la partie inférieure du gravier et la partie supérieure du schiste, que le métal est le plus abondant. Sur l'Eldorado Creek, dans un claim souvent cité, on faisait, à seize pieds du sol, de 2 fr. 50 à 10 francs par écuelle ; à vingt pieds, de 10 à 40 francs ; à trente pieds, 50 francs, 100 francs et jusqu'à 200 !

La première corvée qui s'impose est donc le forage, au pic, d'un sol à ce point durci que la poudre et la dynamite ne l'entameraient pas. Même en juillet, quand le thermomètre marque à l'ombre 400 degrés Fahrenheit, soit 38 degrés centigrades au-dessus de zéro, l'ardeur des rayons solaires est impuissante à dégeler la terre, si on ne l'a pas préalablement dépouillée du matelas végétal qui la recouvre. Dans le principe, les fouilles ne commençaient qu'avec l'été ; à présent, les chantiers bien menés chôment d'autant moins en hiver que les puits n'ont plus alors à redouter l'invasion des eaux. Chaque soir, s'il le peut, à partir de décembre, le mineur va allumer au fond de son trou un feu de bois et, le lendemain matin, il y redescend pour gratter ce que le feu de la nuit a rendu attaquable. Une fois parvenu au rocher, il continue horizontalement, et toujours avec le secours du feu, l'enlèvement graduel du minerai. Le puits s'élargit ainsi, à sa base, jusqu'à mesurer trente pieds de diamètre. Quand le lit aurifère est de faible épaisseur, il faut se mettre à genoux pour piocher ou même se tenir couché dans la cendre ; mais, tant que les grands froids persistent, aucun éboulement n'est à craindre, car la masse du sol reste pétrifiée. Les puits doivent se faire deux par deux, avec communication souterraine, pour qu'il y ait tirage et ventilation. On peut, pendant l'hiver, pratiquer des excavations au cœur même des rivières, alors intégralement solidifiées, et en scruter ainsi le fond. Les matières aurifères obtenues chaque jour sont amenées à la surface, au moyen de treuils, et mises en réserves pour être lavées pendant la belle saison. Le procédé de l'écuelle ou du *pan*, comme mode de lavage, semble bien primitif ; mais tant que dure la période des tâtonnements et des essais, il faut s'en contenter. Deux coups de pelle remplissent le pan et un bon travailleur lave près de cent pans par jour, soit dix pieds cubes (le quart d'un mètre cube environ). Avec le *rocker* le traitement s'accélère : c'est un grand sas, un grand tamis carré, que porte une sorte de berceau oscillant : le gravier reste suspendu, le liquide fuit et les paillettes d'or tombent sur une table où elles se fixent. Le *sluice* constitue un progrès moins relatif : on nomme ainsi une longue gouttière de bois, à section quadrangulaire, où viennent couler en pente douce les eaux mères ; l'or, à raison de sa densité, va au fond et se trouve retenu par les rainures dont le canal est tapissé. On donne au sluice comme au rocker son maximum d'efficacité par l'emploi du mercure, pour lequel l'or à une affinité toute spéciale et dont il se sépare sans peine après l'amalgamation.

Quelle que soit la méthode adoptée, les journées sont fructueuses pour qui a vraiment mis la main sur une bonne veine et l'or pulvérulent s'amasse dans les cachettes qui servent de coffres-forts. N'y entrât-il par jour que pour 200 francs de poudre, ce serait de quoi faire ouvrir de bien grands yeux à ceux de nos ouvriers qui gagnent 20 francs par semaine ; mais la réalité n'est pas tout à fait conforme aux apparences. Cette poignée d'or qui, séchant au soleil, semble représenter le gain de quelques heures de travail seulement, a aussi à rémunérer, en fait, les labeurs d'un long et terrible hiver. Puis, outre les frais considérables du voyage et de l'équipement, le matériel mis en œuvre, si rudimentaire qu'il soit, implique une grosse mise de fonds, étant donné la cherté des bois ouvrés et des transports. Le combustible, lui, semblait s'offrir à discrétion ; mais il s'en consomme tant que certaines pentes, le long de l'Eldorado et de la Bonanza, sont déjà aux trois quarts déboisées ; et comme les moindres arbres, dans les forêts arctiques, ont mis, paraît-il, plusieurs siècles à pousser, il n'y a pas à compter sur la reconstitution prochaine de ces futaies qui s'en vont en fumée.

Quand on sera obligé de faire venir le bois de loin, même le bois de chauffage, ce sera une complication de plus. Et la main-d'œuvre ? Un homme seul, au Klondyke, ne peut que butiner, et lorsqu'on s'associe à deux, à trois, à quatre, le gain se divise comme la peine. Quant aux bras mercenaires, ils se louent si cher ! Le salaire courant était récemment de 15 dollars par jour, près de 80 francs ; ou, plus exactement, de 1 dollar et demi par heure. Cet été (juin 1898), l'arrivée de nouveaux contingents a permis aux employeurs de réduire le prix de l'heure à 1 dollar. C'est encore bien onéreux pour celui qui paye et c'est à peine suffisant pour celui qui est payé, étant donné que le nombre des jours de travail atteint rarement 150 et que la journée de dix heures est plutôt l'exception que la règle. Un revenu de 6 000 francs, là-bas, ne permet pas de grandes économies, si sevré qu'on y soit de toute jouissance : il serait, à coup sûr, insuffisant pour faire vivre sur place une famille, femme et enfans.

Ce qu'il y a de grave surtout, pour tous les prisonniers de la mine, c'est que l'altération de leur santé précède presque toujours l'accomplissement de leurs ambitions. Le ciel boréal, avec ses contrastes, soumet la machine humaine à de telles secousses qu'elle n'y résiste pas longtemps. A ne jamais se laver, à ne jamais se déshabiller, on ne se fortifie pas. On a beau s'affubler de lainages et de peaux, de caoutchouc et de fourrure ; on a beau, pour piétiner dans la neige fondante ou dans l'eau glacée, superposer trois paires de bas et deux paires de bottes ; on a beau se cacher les mains et se couvrir la figure ; on a beau se protéger les yeux et s'enfoncer au besoin de l'ouate dans les narines : des froids de 40 et 50 degrés ne s'affrontent pas impunément, et il vient un jour où les plus résistants demandent grâce, aveuglés par l'ophtalmie, rongés par le scorbut, endoloris par les rhumatismes, anémiés par la malaria. Les méningites et les congestions pulmonaires sont fréquentes. Les cas de congélation totale ou partielle sont presque quotidiens. Souvent une blessure qui ailleurs ne serait rien s'envenime faute de soins et devient mortelle. On a vu qu'à Dawson même l'insalubrité est extrême : un témoin oculaire, à la date du 6 juillet 1898, s'y disait entouré de 15 000 fiévreux [8]. Et voilà l'Eden rêvé ! Voilà la terre promise ! Les cimetières s'y peuplent vite ; et, de si fraîche date que soit cette agglomération humaine, elle se composera bientôt, elle aussi, de plus de morts que de vivants.

Section VII

Laissons le temps faire son œuvre. C'est le grand régulateur : il saura mettre toutes choses au point. Ces grands pays blancs du nord-ouest, qui n'avaient pas d'histoire et qui n'en étaient pas plus heureux pour cela, vont avoir désormais un rôle à jouer dans l'évolution sociale. Ils ne connaissaient autrefois, comme hôtes, que quelques tribus d'Indiens dégénérés, quelques explorateurs, quelques pêcheurs, quelques chasseurs en quête de fourrures. Il leur a suffi pour se faire prendre d'assaut de laisser voir qu'il y avait de l'or sous leur neige et qu'on pouvait, d'un coup de dé, y devenir millionnaire. Ils sont bien une douzaine qui ont eu cette chance : pauvres millionnaires, d'ailleurs, perclus de douleurs pour la plupart et dont les moroses confidences attestent une fois encore que, même subitement acquise, l'opulence ne fait pas le bonheur. Les demi-succès sont naturellement plus nombreux : quelques centaines de citoyens des Etats-Unis, quelques douzaines de Canadiens, plusieurs Anglais, plusieurs Suédois ou Norvégiens, plusieurs Russes, plusieurs Français, surtout des Savoisiens, sont en voie de réaliser là-bas, et moins lentement qu'ailleurs, de ces petites fortunes bourgeoises que le train naturel des affaires ne refuse guère, dans leurs patries respectives, à un travailleur avisé, actif et économe. Quant aux insuccès, ils ne se comptent plus et n'ont que trop souvent abouti à un dénouement tragique. La proportion en grandira encore avec les progrès d'une immigration qui depuis deux ans dépasse toute mesure.

A ces contagieux entraînements nous ne pouvons malheureusement opposer que d'assez vaines remontrances, et les pouvoirs publics sont eux-mêmes à peu près désarmés [9] ; mais les leçons de l'expérience finiront par s'imposer et, comme dans un aimant, ce pôle qui attire deviendra, à un moment donné, le pôle qui repousse. Pour ceux, d'ailleurs, que retiendra ou qu'appellera encore au Yukon une vraie vocation, les conditions de la vie finiront par se modifier. Le climat polaire ne s'adoucira point ; mais les communications deviendront moins pénibles et cela seul sera un inappréciable bienfait. Lorsqu'on pourra effectuer sûrement, on quelques jours et pour quelques centaines de francs, le voyage qui fait aujourd'hui perdre tant de temps, dépenser tant d'argent, courir tant de dangers ; lorsqu'il y aura quelques chemins de fer dans les plaines, quelques bateaux à vapeur sur les lacs, quelques routes dans les montagnes et partout des fils télégraphiques, la libre circulation des hommes et des choses rendra à la loi de l'offre et de la demande toute l'élasticité voulue [10]. Le service des approvisionnements s'organisera et les prix se modéreront. Par cela même les salariés, tout en se montrant moins exigeants, se trouveront plus satisfaits. L'outillage aussi se perfectionnera et les procédés mécaniques se développeront au grand profit de l'industrie minière. Peut-être aura-t-on vidé alors les filons exceptionnels des Eldorado et des Bonanza ; mais il s'en sera révélé d'autres. Déjà l'Indian River et la Stewart River s'annoncent comme devant rivaliser, jusqu'à un certain point, avec leur voisin le Klondyke. Et que de solitudes inexplorées n'ont pas encore dit leur secret !

Aussi bien, tout abaissement des prix de revient équivaut pour l'exploitant à une augmentation de la richesse des minerais, et tels sables à faible teneur d'or, qui actuellement ne feraient pas leurs frais, paraîtront bons à traiter lorsque la main-d'œuvre sera devenue moins onéreuse, les modes d'extraction moins imparfaits. Et après les sables, ce seront les quartz eux-mêmes qu'on attaquera, malgré leur dureté, s'il vient un temps où les circonstances permettent de doter l'Alaska, comme la Californie et le Transvaal, de véritables usines métallurgiques. Enfin, il y a lieu d'admettre que l'or ne restera point, avec les peaux de bêtes, l'unique production de la grande presqu'île septentrionale. Il est incontestable que la variété de ses aspects et de ses ressources en ferait, à toute autre latitude, une terre privilégiée. L'un des hommes qui la connaissent le mieux, le capitaine Healey, parle de son sous-sol comme d'un vrai musée minéralogique et y dénonce d'incomparables réserves de cuivre, de plomb, de zinc, d'antimoine, d'asbeste, de charbon, etc. Même au règne végétal on pourra faire payer tribut. Les petits fruits abondent : groseille, cassis, framboise, genièvre, etc. La pomme de terre réussit quand la semence a été suffisamment protégée contre la gelée. Avec des précautions analogues on obtient des choux, des choux-fleurs, des salades. Les racines alimentaires prospèrent d'un bout à l'autre du Yukon. Dans les parties plates du bassin, des millions d'acres sont à l'état de prairies naturelles et l'on y retrouve, entre autres graminées, une herbe bleue du Kentucky dont le bétail est très friand. Si les animaux pouvaient être efficacement protégés contre les sévices de l'hiver, ces pâturages auraient de quoi nourrir tous les troupeaux qui y seraient amenés. Voilà, dira-t-on peut-être, d'assez hypothétiques promesses. Soit ; mais, même en soupçonnant quelque optimisme dans les témoignages sur lesquels elles s'appuient, on ne saurait leur refuser toute créance. Le Yukon n'est déjà plus pour l'homme une quantité négligeable et tout autorise à penser que, peu à peu, nos descendants verront s'ajouter, là-haut, comme un petit étage de plus au glorieux édifice des civilisations interocéaniques.

Et au point de vue de l'or, que sera l'avenir ? Le chiffre des résultats annuels, dans cette partie du globe, passera-t-il de 50 millions de francs à 100 ou à 150 ? Nous tenons à nous interdire toute prédiction téméraire ; mais, en tout cas, il existe là dès à présent une source de production nouvelle, source abondante, source durable ; et, par une coïncidence caractéristique, elle commence à couler au moment où, dans le reste du monde, l'or tend déjà à se vulgariser. Qu'on ne voie point ici une allusion aux assertions de ces mystérieux docteurs qui, chimistes ou alchimistes, se flattent de puiser l'or dans l'eau de la mer aussi aisément que le sel ou de commuer l'argent en or par de simples manipulations de laboratoire. L'or qu'ils exhibent est bien de l'or ; mais comme ils ne veulent opérer qu'à huis clos, le moment ne paraît pas venu de prendre au sérieux ces arcanes. Ce qui est sérieux et certain, c'est que partout, en Amérique, en Afrique, en Asie, en Australie, la croûte terrestre livre de plus en plus d'or à ceux qui la tourmentent pour en avoir. La statistique enseigne que la production totale du métal jaune correspondait par an à 20 ou 30 millions de notre monnaie au XVIe siècle, à 30 ou 40 millions au XVIIe siècle. Au siècle dernier, elle approchait de 100 millions. Elle est redescendue à 60, à 50, à 40 millions pendant les premières luttes de l'Espagne avec ses possessions d'outremer (1810-1825). Mais, avec l'or californien d'un côté, avec l'or australien de l'autre, le demi-milliard est tout de suite atteint, dépassé ; et, pendant un quart de siècle, de 1850 à 1875, la valeur obtenue oscille entre 700 et 600 millions de francs. Après quoi, elle décline momentanément. En 1883, elle n'était plus évaluée qu'à 494 millions, et déjà des voix inquiètes, rééditant à leur façon le mot de M. Thiers, nous invitaient à saluer, ne devant plus le revoir, ce demi-milliard qui s'en allait. De graves professeurs de géologie, de doctes professeurs d'économie politique commençaient à annoncer, en justifiant cette prophétie par de spécieuses considérations, l'épuisement prochain des mines d'or. C'était fatal, à les entendre, et peut-être imminent. Des variations innombrables ont été brodées sur ce thème. On s'évertuait à tout expliquer par « la disette de l'or, » engendrant comme conséquence forcée « la plus-value de l'or. » Du là venait, il n'en fallait pas douter, la baisse générale des prix de gros en Amérique, en Europe, partout où l'insuffisance du métal jaune s'aggravait de la disgrâce du métal blanc, réduit, pour cause de dépréciation, au rang de monnaie d'appoint.

La théorie quantitative, comme on l'appelle, s'est encore fait applaudir plus d'une fois dans ces dernières années, grâce à de sympathiques éloquences. Mais il est temps de reconnaître qu'elle pèche par la base, puisque l'industrie de l'or, au moment même où il était universellement question de sa décadence, se préparait à prendre, dans toutes les directions, un essor sans précédent. Grâce aux 300 millions tirés, dès 1897, des conglomérats du Transvaal, grâce aux 50 millions qui sont en train de descendre des hauteurs du Yukon, grâce à la multiplication des gisements exploités et au perfectionnement des méthodes extractives, le rendement total, en quinze années, a progressé de plus de 150 pour 100 : un demi-milliard en 1883 ; 1300 millions au moins en 1898 ! Et le métal blanc, de son côté, est loin de se décourager, malgré la défaveur dont il est devenu l'objet. En quinze ans aussi, le poids de l'argent annuellement mis au jour a augmenté de 150 pour 100 : 2 millions de kilogrammes, à peine, en 1877 ; 5 millions de kilogrammes depuis 1893. Le monnayage même de l'argent continue à se développer comme le monnayage de l'or [11]. Et, devant ce stock toujours grandissant de lingots et de numéraire, il faut vraiment admirer la constance des subtils dialecticiens qui cherchent encore dans une soi-disant disette monétaire la clef de tous les grands problèmes économiques et sociaux de notre fin de siècle. Il ne faudrait pourtant pas prendre le contre-pied de ce système et dénoncer, comme nous préparant d'autres calamités, la surabondance de l'or. La circulation générale des peuples est loin d'avoir atteint, en ce qui concerne ce métal envié, le point de saturation au-delà duquel commencerait pour lui une crise analogue à celle de l'argent. L'Europe et l'Amérique en sont encore à s'emprunter tour à tour, pour leurs règlements de comptes, une partie des milliards emmagasinés dans les caves de leurs banques, et il est plus d'un Etat, des deux côtés de l'Atlantique, où les paiements se font avec du papier, faute de mieux. Tout cet or, monnayé ou non, que les nations se disputent, ne représente pas, en somme, une bien grosse masse, malgré les amples renforts de ces dernières années. En réunissant tout ce que les mines ont pu sécréter d'or, dans tous les continents, à toutes les époques de l'histoire, jusqu'à l'heure où nous sommes, on n'arriverait à former qu'un cube de dix mètres de côté. Dix mètres, quinze pas, qu'est-ce que cela ? Il existe dans Paris cinquante salons où tout cet or tiendrait sans peine. Et le contraste est saisissant, n'est-ce pas, entre l'invraisemblable exiguïté de ce bloc de métal dont on aurait si vite fait le tour, et l'incalculable influence que chacun de ses fragments a exercée sur les destinées d'un siècle ou d'une race ! Nulle part, quand on y songe, la disproportion n'apparaît plus flagrante entre la cause et l'effet. Aussi, la génération qui va suivre la nôtre pourrait-elle encore voir passer du simple au double la productivité des pays aurifères, sans que la prospérité générale des sociétés ait à en souffrir. L'heure n'est pas près de sonner où, comme le jeune prospecteur du Too Much Gold Creek, le monde arrivera à s'écrier : « Trop d'or ! trop d'or ! »

Notes

1.   Voir, dans la Revue du 1er octobre 1897, les Mines d'or de l'Alaska et la Colombie britannique, par M. C. de Varigny.

2.   La Colombie britannique n'en a pas moins produit, depuis 1858, pour 300 millions d'or et l'industrie minière est loin d'y avoir dit son dernier mot.

3.   La valeur assignée par notre régime monétaire à l'or pur, à l'or fin, est de 3 444 francs par kilogramme, ce qui fait ressortir l'once anglaise (31gr, 1) à 107 francs.

4.	Bullelin of the Department of Labor. n° de mai 1898.

5.	Temps des 3, 5, 11, 19, 24, 29 et 31 mars 1898 ; 12, 15, 19 avril ; 23 juin, 22 juillet, 28 août, 9, 22 et 24 septembre, 5 et 12 octobre.

6.	Règlement du 9 novembre 1889, modifié par celui du 21 mai 1891 ; le texte vise spécialement « l'exploitation minière des placers riverains du Yukon et de ses affluons dans les territoires du nord-ouest. »

7.	En novembre 1897, au lieu dit Discovery, sur la Bonanza, les trois claims n» 27, 28 et 29 ont été achetés simultanément moyennant 1 700 000 francs.

8.	« Quinze mille fiévreux, et le nombre augmente tous les jours ; quatre mille chiens qui hurlent vingt heures sur vingt-quatre ; des scieries qui grincent sans relâche : et sur cette cacophonie, un soleil qui se lève à 1 h. 30 du matin et se couche à 10 h. 30 du soir : voilà la Dawson City de juillet 1898. De Paris elle a pris la nocturne agitation, comme de Chicago la croissance spontanée et la fébrile activité. Cosmopolite autant que Rome, elle compte déjà, toutes proportions gardées, plus de chiens que Constantinople, et les dieux ont permis qu'elle fût hier prise d'assaut par un détachement de ces derviches hurleurs de Londres qui s'appellent l'Armée du salut… » A. Sémiré, lettre du 6 juillet 1898.

9.	Voir pourtant l'excellente circulaire du ministre de l'Intérieur aux préfets, en date du 5 mai 1898.

10.	L'acclimatation et la multiplication du renne serait déjà chose très avantageuse, à cause de l'extrême sobriété de cet animal. Les premières tentatives n'ont pas été heureuses ; mais c'est un exemple encourageant que celui de la Sibérie où, non seulement le renne, mais aussi le chameau deviennent aujourd'hui, pour l'industrie minière, d'utiles collaborateurs.

11.	Voir les Rapports annuels du directeur de l'Administration des Monnaies au ministre des Finances, années 1896, 1897 et 1898.

ISBN : 978-1984071033

www.ingramcontent.com/pod-product-compliance
Lightning Source LLC
Chambersburg PA
CBHW070931220526
45468CB00005B/1731